AF257060

ARNALDO CITTERIO

QUATTRO SALTI NELLA MENTE

ISBN: 9781804349588

Plutôt La Mort

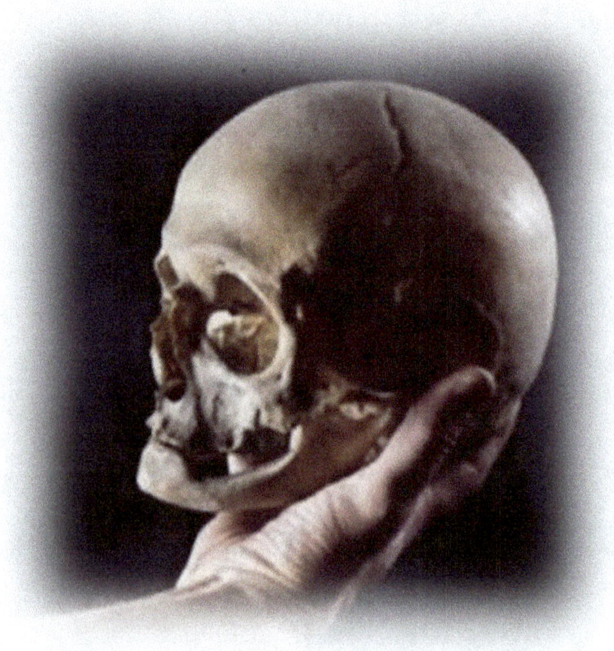

Prefazione dell'autore

Sono fautore del Pensiero Positivo ad oltranza e questo non è un problema. Tuttavia, sprecare energie in facili filosofie da "stra-da" è davvero inutile, a meno che non siano veramente innovative.

"A nulla serve, se non serve nulla".

La consapevolezza è in continua evoluzione, lo stadio definitivo non è mai raggiungibile. L'uomo commette errore di presunzione quando, attraverso la tecnologia scientifica, tenta di avvicinarsi a quella conoscenza che lo vorrebbe portare vicino a Dio o addirittura *essere* Dio.

Capita anche quando invece della scienza usa solo l'anima.

La ricerca della consapevolezza deve essere misurata con l'umiltà di riconoscere ciò che siamo. Occorre fare i conti con l'evoluzione automatica della specie, la mancanza di umiltà da parte degli scienziati porta a errori dovuti all'eccessivo piacere della scoperta, uno dei beni più preziosi che abbiamo: non dovrebbe andare sprecato ai fi-ni del guadagno di pochi.

IO contro DIO

Il problema si dipana in molteplici aspetti che convivono nel tempo e nella realtà in cui viviamo, ma Dio non è contro la scienza. Il binomio tra sapere ed essere è una lotta impari, come l'onda il cui destino è solo e comunque la spiaggia… La lotta tra *Ragione* e *Sentimento* nell'uomo, il mancato equilibrio emotivo sono falsi problemi, l'uomo è ancora "bambino" nell'universo. L'umanità non sta correndo verso il buio definitivo, ma solo verso una tappa, forse ancora oscura.

"Se tutto ha un senso, allora anche il senso ha un tutto".

Il significato di questa frase si contorce su se stesso in mille spire come una conchiglia che avvolge la vita. La ricerca del tempo perduto è il motivo che spinge l'uomo sul suo cammino.

Tempo senza tempo,
luogo senza luogo,
tutto è, era e sarà.

I corpi celesti girano su se stessi, quindi lo fanno anche l'anima e tutte le cose immateriali e materiali. L'energia eterica esiste, comandarla non è di quest'era, ma forse è possibile verificarla scientificamente, perché tutte le energie si possono misurare. Quindi anche le parole sono importanti. In questo libro troverete opinioni, prese di posizioni "pseudofilosofiche" e pensieri che tentano di trovare l'unica risposta possibile alla domanda principale che tutti noi ci poniamo: qual è il modo giusto per vivere l'esistenza?

Essere coerenti non significa mantenere invariati i nostri concetti,
bensì mantenere costante il rapporto tra il nostro modo di essere e l'evoluzione. In questa maniera la coerenza non rimarrebbe una cosa statica, ma si evolverebbe con l'evolversi della stessa esistenza.

Arnaldo Citterio

L'infinito è
stupefacente
perché può essere
descritto
da una sola lettera:

È

Prologo

P er tutti i lettori, soprattutto quelli che si sentono giù di morale, per coloro che vivono con troppa calma o troppa premura, per coloro i quali si fanno domande che hanno difficili risposte, per chi guarda al domani con incertezza e dello ieri si vuole scordare, per quelli che hanno i figli da sistemare e per quelli che non hanno figli. Per chi sente ancora il freddo dell'inverno anche se è primavera, per chi è ancora sotto la neve vera. Per coloro che sanno osservare il lago increspato e il battito delle ali, e per quelli che lottano con accanimento per ideali che oggi sembrano scomparsi nel nulla.

Insomma, questo libro, le cui parole mi fanno compagnia nel mio personale cammino, è dedicato a loro.

Un percorso "suggerito" con un pizzico di presunzione, potrebbe aiutare a sperare che nel futuro si possa ancora costruire una sana mente umana.

"Tutte le cose concorrono al bene"
(Romani 2:28)

In verità, a volte il bene segue vie a noi sconosciute che appaiono il contrario e spesso il male si palesa sotto false sembianze.

La verità è che spesso non sappiamo quale sia la strada migliore, ma per non perdere la nostra individualità, dobbiamo resistere agli eventi negativi senza cedere supinamente al fato avverso.

Ercole al Bivio - Niccolò Soggi - Olio su legno)

Dualismo
(tra filosofia e scienza)

Bene e male;
angeli e demoni;
forse esseri che non hanno trovato e non vogliono una dimora; forza positiva e negativa.

Energia che gli uomini hanno provato a imbrigliare, accorgendosi che non è così semplice.

Fin dall'antichità, l'uomo ha tentato di spiegare i fenomeni osservabili in natura con tesi plausibili e comprovabili, questo per il suo innato bisogno interiore di razionalizzare.

L'informatica, termine che deriva da quello francese "informatique" è una disciplina che inizialmente ha usato la logica binaria come concetto di base per fornire a un sistema due valori facilmente elaborabili, "0" (zero) e "1" (uno): il bit (Binary digit). Per un elaboratore tali valori rappresentano uno stato logico.

0 e 1 corrispondono anche a "vero" o "falso", "acceso" o "spento", "chiuso" o "aperto", "alto" o "basso". Fisicamente, per le logiche binarie comuni (CMOS, TTL), "1" corrisponde a una tensione in Volt diversa da 0V e "0" corrisponde a 0V. Recentemente, per la logica ECL, questi valori assumono persino dei numeri negativi.

George Boole descrisse un modo per combinare questi fattori al fine di dare una logica al ragionamento, in base al linguaggio simbolico del calcolo, confermando di fatto la correlazione tra filosofia e scienza. Così l'uomo trovò come applicare il concetto di dualismo alla pratica. Peccato che dopo poco tempo si rese conto della limitazione presente in questi due semplici stati, quindi inventò la Fuzzy Logic (quasi 0, o quasi uno) in modo da associare ai nostri due stati dei significati che comprendono dei range di valori, sistema sfruttato da diverse applicazioni di intelligenza artificiale e dalla meccanica quantistica.

George Boole

«Il termine logica fuzzy viene in realtà usato con due significati diversi. In senso stretto è un sistema logico, estensione della

logica a valori multipli, che dovrebbe servire come logica del ra-
gionamento approssimato. Ma in senso più ampio logica fuzzy è
più o meno sinonimo di teoria degli insiemi fuzzy, cioè una teoria
di classi con contorni indistinti. Ciò che è importante riconoscere,
è che oggi il termine logica fuzzy è usato principalmente in questo
significato più vasto».

Insomma, sembrerebbe che la Fuzzy Logic sia riuscita a confutare
completamente il concetto aristotelico che, semplificando, riconduce ogni questione a due stati: per esempio "vero" o "falso".
Ovvero la Fuzzy logic ci indica che ogni situazione si configura
in un'oscillazione senza fine tra i due estremi opposti. Il vero im-
plica il falso e viceversa.

Lotfi Zadeh

Eraclito aveva ragione:

"Immortali mortali, mortali immortali, viventi la loro morte e mo-
rienti la loro vita." (frammento 62)

Possiamo aggiungere che anche una macchina, per similitudine,
ha dentro di sé il bene e il suo contrario, cioè il male, con tutte le

sfaccettature che essi comportano; ed è in questa direzione che la tecnica si sta evolvendo.

In conclusione, entrambi, bene e male albergano in noi, fanno parte del nostro essere e servono a gestire quell'equilibrio energetico necessario a mantenere sia la forma che lo spirito.

Sta a noi far prevalere l'uno o l'altro, consci di accettare sempre il lato opposto. Inoltre, pare che l'avanzare del progresso tecnologico ci avvicini sempre di più alle sfumature che compongono un essere umano. Forse, anche l'io-uomo si evolverà, comprendendo meglio che il suo spirito può essere composto da una matrice infinita di possibilità che, in ogni caso, convergono verso un'unica direzione: l'Unità.

L'unico rischio effettivo è che un giorno l'intelligenza artificiale superi l'uomo prendendo il comando.

Eraclito, olio su tavola di Hendrick ter Brugghen, 1628,
Rijksmuseum (Amsterdam)

Il bene e il male dal punto di vista PSI

Il bene ha un enorme vantaggio sul male: il bene è molto semplice ed è alla portata di tutti. Il male, invece, per battere il bene ha bisogno di una spiccata intelligenza malefica, di un'unione superiore. Sebbene trovi terreno facile nell'ignoranza e nelle debolezze umane più comuni, l'indifferenza e l'egoismo, a lungo andare è destinato a soccombere, perché il male per sua stessa natura non può che ritorcersi su se stesso.

Infatti in estrema sintesi l'incoerenza del male si appropinqua all'illazionismo proprio di un dialogo la cui fine è destinata all'oblio.

Nietzsche direbbe che si tratta di una palingenesi reazionaria che si oblitera nell'io-cosciente, generando una sorta di metempsicosi la quale inevitabilmente porta il male verso la sua più estrema e sistematica condizione definitiva. Occorre anche considerare il possibile dualismo della personalità che induce l'individuo a interloquire col sub-cosciente come se parlasse con un'altra persona.

La coscienza

Gli spiritualisti affermano che l'esistenza della coscienza frenerebbe l'azione malvagia e provocherebbe il cosiddetto rimorso in caso contrario. Considerando l'alternanza delle emozioni che condizionano l'individuo, occorre precisare il netto distinguo tra l'ipocondriaca assunzione di preconcetti e il reale svolgimento dei fatti. Chi asserisce di essere in possesso della verità può anche essere in buona fede, d'altro canto è palese la sindrome di "Tibiludio" che si manifesta con il congregarsi dei sintomi di obnulescenza infantile. In queste situazioni esistono soluzioni di continuità soltanto all'esaurirsi di ogni tentativo di coercizione psicologica.

Concludo questa dissertazione prospettando una semplice soluzione per sconfiggere il male che alberga dentro noi stessi. Ogni mattino pensate: se il fato sarà propizio gioirò, se sarà avverso combatterò. Sembra banale, ma Freud potrebbe dire che la palingenetica obliterazione del male inizia dall'io-cosciente e termina con il semplice tentativo di vivere la vita senza mai subirla.

Friedrich Nietzsche

Cimatica, le frequenze della vita e la Medicina Tradizionale Cinese

Nella musica esistono delle note speciali, sono quelle che ti toccano dentro, direttamente collegate al tuo Sé. Si dice che la mente sia la sede della razionalità, mentre la pancia quella delle emozioni. Il cuore sta in mezzo, alimenta idee, sentimenti e emozioni che albergano in ogni nostro organo.

La Medicina Tradizionale Cinese associa sette emozioni ai nostri organi principali. Il Cuore è felice di assolvere al suo compito e per questo è sede della gioia. La rabbia abita nel Fegato e nella Cistifellea, infatti quando siamo irati si usa dire "mi rode il fegato".

Quando siamo in preda all'ansia, ci manca il fiato e sentiamo un senso di vuoto nell'addome, perché quest'emozione vive nel nostro centro, ovvero nel sistema Milza-Pancreas e visto che la Milza è legata al nostro Polmone dal rapporto energetico alto-basso, quando proviamo apprensione anche i polmoni si contraggono con l'Intestino crasso che è la parte più esterna dell'intestino. Anche la tristezza vive nei Polmoni, che soffrono di spasmi durante il pianto, quando a causa dei forti singhiozzi si crea una disarmonia tra quello destro e quello sinistro. Spesso si rischia di perdere il controllo delle vie urinarie quando si è preda della paura, perché questa emozione vive nei Reni creando un forte disallineamento tra loro, soprattutto in preda al terrore più cieco. E visto che i Reni sono legati alla Vescica urinaria, ecco compresa la mancanza di controllo di quelle vie.

I nostri Reni, sede del nostro Jing, che è essenza stessa della vita, sono anche sede del panico. Visto che l'Uomo nella Medicina Tradizionale Cinese è definito dall'asse centrale Cuore-Rene, un grosso spavento accompagnato da paura e terrore genera palpitazioni e disfunzioni renali.

Esiste un metodo che aiuta a combattere le emozioni negative e a favorire quelle positive con l'utilizzo della musica. Le frequenze di alcune note entrano in armonia con il funzionamento dei nostri organi influenzando anche la mente. Ci sono studi che cercano di dimostrare scientificamente questo concetto, che in realtà tutti noi sperimentiamo spesso.

È già comprovato che le armonie musicali possono interagire con gli organismi vegetali e animali favorendo il buon funzionamento degli organi interni. Così vediamo serre dove le piante crescono rigogliose al suono di soavi melodie, come allevamenti in cui galline o mucche producono i loro doni in maggior quantità e più volentieri.

È stato dimostrato che ogni singola cellula vibra trasmettendo energia e ricevendone quando tale energia risulta armonizzata alla stessa frequenza.

La "Cimatica" è una teoria scientifica che studia le forme geometriche armoniose risultanti dalla visualizzazione delle onde sonore emesse dai suoni per effetto morfogenico.

Esistono dei video di "CYMATICS: Science Vs. Music - Nigel Stanford" che dimostrano con esperimenti reali come le vibrazioni musicali generano forme geometriche armoniose e non solo.

Vorrei azzardare l'ipotesi di una nuova forma di medicina curativa, basandomi sul fatto che il nostro DNA è strettamente correlato alle emozioni prodotte dal nostro corpo. Uso volutamente la parola "corpo" in relazione a quanto citato precedentemente: infatti gli organi del corpo umano sono la sede delle nostre emozioni.

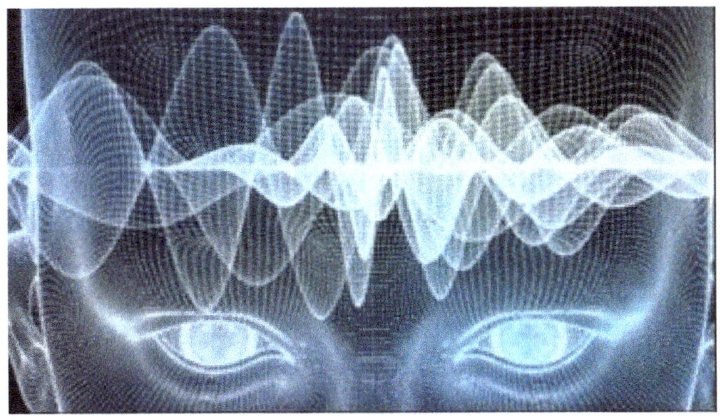

La fisica quantistica applicata a questo campo ha stabilito che ogni emozione genera una specifica configurazione chimica suscettibile alle frequenze armoniche generate da fonti esterne. Di fatto alcuni scienziati stanno cercando di dimostrare che il DNA stesso può essere riprogrammato utilizzando specifiche frequenze e suoni, a patto che l'individuo sia disposto a lavorare interiormente per stabilire una connessione cosciente con il suo DNA.
Insomma, non è sufficiente stare in silenzio in un luogo inondato dalle giuste frequenze, occorre acquistare la consapevolezza che tutto il nostro vivere può essere condizionato dalle opportune armoniche di frequenza. Purtroppo questo sistema può anche essere utilizzato per manipolarci a livello subliminale.Tornando invece alle frequenze che hanno un potere benefico sulla nostra fisiologia, questo è uno dei possibili elenchi

che possiamo trovare facilmente su YouTube, ma mi raccomando, prima di sentirli predisponiamo il nostro spirito all'ascolto, mettendo in comunicazione il nostro DNA con la mente e con tutti gli organi del nostro corpo, tramite il respiro, stabilizzando in questo modo il nostro campo energetico. È altresì importante provare un senso di gratitudine verso la vita, la natura e tutto quello che abbiamo intorno, anche nei momenti più difficili, perché tutto è "energia" che contribuisce all'equilibrio universale.

- 174 HZ – Agisce sugli effetti spirituali individuali e rimuove la sofferenza
- 285 HZ – Espande la cognizione quantica influenzando il campo energetico
- 396 HZ – Agisce sul senso di colpa e sull'ansia
- 417 HZ – agisce sul cambiamento, lasciando scorrere il passato
- 528 HZ – Ripara e armonizza il DNA
- 639 HZ – Favorisce l'apertura verso i rapporti umani e le relazioni
- 741 HZ – Stimola il risveglio della coscienza interiore e l'intuizione
- 852 HZ – Favorisce il ritorno all'ordine spirituale
- 936 HZ – Attiva la ghiandola pineale
- 963 HZ – Favorisce la connessione spirituale con la luce

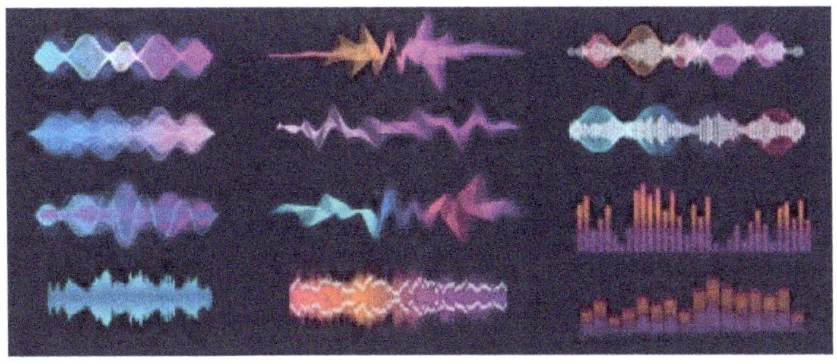

Interferenze "Do ut des"
A memoria si vive una volta sola

Quante volte abbiamo pensato di essere ricevitori o anche vittime di messaggi che ci giungono in sogno o anche a occhi aperti?

Tali "interferenze" potrebbero arrivare da altre vite vissute o che stiamo vivendo in altre dimensioni. In questo caso è il no-

stro istinto che a volte riesce a portarle in superficie nel nostro presente.

Se avessimo memoria delle altre vite vissute, oppure ci rendessimo conto di vivere anche in altre dimensioni, saremmo in grado di gestire meglio questi disturbi.

D'altro canto l'Essere decide di compiere un altro viaggio quando non ha raggiunto il suo scopo, per esempio se non ha finito di "imparare" o se non ha portato a compimento un particolare obiettivo.

È ormai certo il fatto che tutti noi abbiamo uno scopo, anche chi non se ne avvede.

Ci sono situazioni in cui l'Essere discende per la prima volta, ed è lui stesso sgomento: non sa ancora chi è o cosa deve esattamente fare e non sa nemmeno che avrà la possibilità di morire e rinascere infinite volte.

Cosa o come sarebbe quest'Anima?

Nel corso della vita si raggiungono diversi livelli di consapevolezza. Al primo livello è tutto nuovo e l'Essere reagisce agli eventi secondo ciò che gli sembra più giusto o per sua stessa indole servendosi dell'ospite.

Da dove viene l'istinto? Trattasi solo di combinazioni chimiche, casuali o genetiche?

È nato prima l'uovo o la gallina?

Se l'Essere discendesse dall'Energia presente nel Continuum dello spazio-tempo, potremmo dire che è sempre esistito ed esisterà per sempre in quanto pura energia, quindi in realtà non è mai un "nuovo arrivato", perciò possiamo dire che è parte di un periodo e come tale ha un inizio e una fine che si ripetono all'infinito in congiunzione con l'ospite. La nostra consapevolezza dipende dal punto o momento in cui si trova l'Essere.

Quando il raggiungimento della Conoscenza del Tutto, incluso se stessi si completa, il ciclo ricomincia con un nuovo ospite. In questo caso anche l'Essere o "Anima" ha un nuovo inizio.

Tentiamo di dare una definizione di "Anima", procedendo per punti.

Una possibile definizione "umana" è: *essenza spirituale assimilabile a energia. Non in misura di creatore, ma di creato, proveniente da una energia più forte (Madre). Contiene entrambi gli aspetti maschile e femminile dell'individuo, ma non sempre in equilibrio.*

Abbiamo accennato all'Energia che fluttua nel Continuum. Dal punto di vista negativo o positivo (bene o male) tale energia è di tipo neutro. Il suo scopo è mantenere in equilibrio il Tutto.

Ci sono realtà che non sono comprensibili a noi umani. Per sopportarle o per servirsene allo scopo di soggiogare i popoli, l'uomo ha inventato le religioni che potrebbero essere semplicemente una sorta di tentativo di razionalizzare ciò che non si comprende.

In tutto ciò rientrano alcuni fenomeni, ad esempio i "deja vu", infatti, come accennato prima, esistono universi paralleli e multidimensionali. Alcuni "illuminati" come Dante hanno descritto tali fenomeni a loro modo, come per esempio nella *"Comedìa"* dove i simboli esoterici sono presenti in ogni canto.

Gli esseri umani hanno persino usato il termine esoterismo per tentare di dare un senso a ciò che non comprendono, limitando la conoscenza solo ai cosiddetti "iniziati" o "adepti". Tornando al discorso principale, come avviene l'insediamento di un Essere?

È un processo complicato che non si competa in un singolo istante, ma potrebbe richiedere più vite fisiche e forme diverse, anche non umane. In questo caso possono entrare in gioco "interferenze" volute, causate da forme diverse, definite aliene.

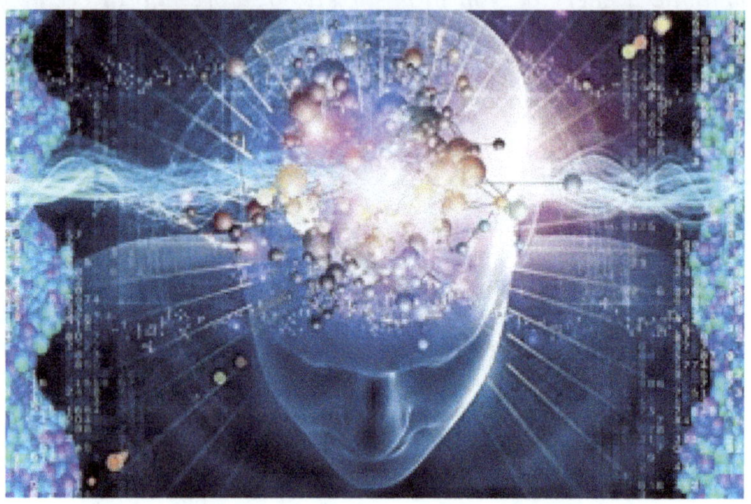

Dunque, esiste un inizio, l'Essere si fonde con un ospite, per esempio di forma umana, acquisendo energia da esso e donando in cambio qualcosa, perché egli stesso è energia.

Come tale non ha limiti fisici: può essere presente in più dimensioni o universi, come ad esempio nei sogni, nei quali, in talune circostanze, l'energia può acquisire un "carattere".

Dunque la comunione tra fisicità e spiritualità può generare il bene o il male, includendo tutte le situazioni multidimensionali e conferendo all'insieme dei poteri straordinari. Ecco perché dovremmo pensare che Dio siamo noi e che noi siamo dei di noi stessi.

In ogni caso la Conoscenza non è misurabile.

Nemmeno l'Essere può arrivare a sapere ogni cosa, ed ecco spiegato anche il perché dei cicli infiniti.

Saggio è colui che si accorge di essere sempre a un passo dall'aver compreso che la conoscenza è talmente vasta da eliminare le differenze tra chi sa qualcosa e chi sa di non sapere.

E chi detiene la Conoscenza dovrebbe elargirla ai più.

"Do ut des", comunemente conosciuto come "dare per avere", è invece un rapporto di scambio: "io do affinché tu sia in grado di dare (non per forza di ritorno a me stesso)". Quindi, in questo modo entrambi risultiamo soddisfatti.

L'arte e la cultura sono gli strumenti del sapere, ma le risposte non sono indispensabili, invece le domande sono importanti: *"Cogito ergo sum"*.

Un altro esempio: immaginiamo un ferito e il suo soccorritore.

Il soccorritore aiuta il ferito.

Il ferito appare impotente e a livello energetico sembra essere solo un ricevente.

Il soccorritore suda "sette" camicie per salvarlo e succede una cosa strana: se ci riesce, il ritrovato sorriso del ferito lo ripaga di tutto. Se non ci riesce... è lo stesso, perché il soccorritore sa che ha fatto tutto il possibile. Proprio come succede con i bambini, loro sono libri aperti è vero, ma chi riceve più beneficio dal rapporto insegnante-alunno? Forse lo stesso insegnante.

Un saggio ha bisogno di ignoranti, un maestro ha bisogno di profani. Ignoranti e profani sono molto più importanti di chi sa. Perché è un ciclo. Poi, in questa vita o nella successiva, le parti potrebbero invertirsi. Ricordiamo che il male rende possibile l'esistenza del bene e viceversa e ciò che sta sotto è uguale a ciò che sta sopra.

Non smettiamo mai di porci le classiche domande: chi siamo, da dove veniamo dove andiamo, esse sono l'inizio del cammino. In questo modo si riduce il rischio che termini la crescita della Conoscenza, perché le domande non termineranno mai di nascere.

È nato prima l'uovo o la gallina?

Estate 1977 - Qualcosa

Scintillando correvo per i boschi in cerca
di un qualcosa che non trovavo;
correvo, cadevo, mi rialzavo.
E di nuovo quella voglia di conoscere "qualcosa"
mi trascinava di nascosto.
Non sapevo cosa stessi cercando, neanche lo immaginavo;
fin quando non giunsi davanti a un portone grande, altissimo.
Di colpo lo spalancai e una nube celestiale
mi trasmise i suoi colori.
Una nebbia turchina mi avvolse e mi trasportò dinanzi a Lui.
Capii ... e Gli chiesi: «Illuminami Maestro».
Egli rispose: «Non ti sei accorto che hai vissuto per niente?»

Estate 2020 - Aspettando la notte

Mi adagio al suono di una melodia stonata,
mentre le onde del pensiero volano.

Vedo inferni di ghiaccio,
gole piene di neve fresca,
anfratti di rocce splendenti.
Soli che brillano
senza riscaldare
geli interiori.

Ciò che intorno è,
da freddo diventa algido;
e ciò che intorno non c'è
appare nei sogni.

È una cascata di gioia
perduta a forza nel silenzio.

Chi conosce i misteri del multiverso sa
che tutto ruota,
si confonde,
muore e rinasce.

Chi conosce la vita...
Sa che
un fiore dai mille petali
è sempre pronto ad aprirsi,
il mattino è bambino,
un'illusione il sole allo Zenith
e che la sera è puttana.

Perciò non gli rimane altro
che aspettare la notte
per rinascere.

Tutto è energia, matematica e armonia

Scopriamo la relazione tra Fibonacci, l'estetica, il simbolismo e i colori. Alla nascita il bambino si ritrova immediatamente immerso in un mondo di luci e sagome di tutti i tipi e dimensioni. Le forme sono percettibili tramite i sensi e quindi fanno parte della disciplina che prende il nome di "estetica". Il nascituro è scioccato da questo mondo che ancora non è in grado di comprendere e, strappato dal suo caldo e sicuro universo liquido, inizia a piangere.

Conoscerà presto il significato delle cose, inizialmente tramite la bocca, il primo organo che impara a usare, successivamente con gli altri sensi. Appena nati, tutti i cuccioli si assomigliano, umani o animali che siano. Con la differenza che, al contrario degli esseri umani, gli animali imparano prima a destreggiarsi nel loro ambiente. Alle forme corrispondono dei simboli che possono assumere diversi significati: quelli comuni, uguali per tutti, a cui appunto viene attribuito un nome comune di cosa, altri che assumono significati diversi, a volte soggettivi, legati al livello di percezione della persona. Ma come funziona questo meccanismo e che importanza ricopre nel funzionamento dell'universo?

Poco dopo la nascita entrano in gioco i colori. Anche i colori sono segni che con la loro energia si legano alla forma e al simbolismo, quindi ci ritroviamo ancora nel vero significato dell'estetica.

Le forme diventano parole e le parole danno vita al significato delle forme. È già stato scritto molto sulla "successione di Fibonacci" e la sezione aurea. Ricordo solo che è una sequenza di numeri interi positivi in cui ciascun numero è la somma dei due precedenti. Leonardo Pisano la individuò nel 1202 osservando la natura, in particolare quando si trovò di fronte a un problema sulla riproduzione dei conigli. Solo nel XIX secolo, tale scoperta divenne fondamentale, perché si osservò che questa successione numerica si trova ovunque in natura, sia nel mondo animale che in quello vegetale, definendo "aureo" il rapporto tra macrocosmo e microcosmo, tra l'uomo e l'universo.

Un rapporto che si ripete all'infinito attraverso infinite suddivisioni. Successivamente la sequenza di Fibonacci fu applicata, per esempio, nel calcolo delle probabilità, nella sezione aurea e nel triangolo aureo. Un rapporto che si ripete all'infinito attraverso infinite suddivisioni.   Successivamente la sequenza di Fibonacci fu applicata, per esempio, nel calcolo delle probabilità, nella sezione aurea e nel triangolo aureo.

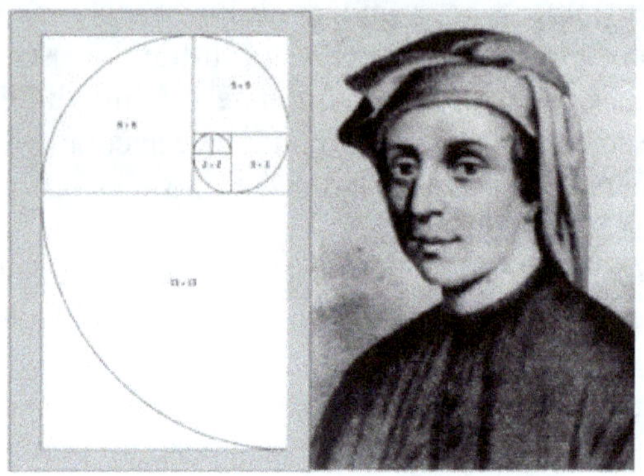

E pensare che nel '600 qualcuno lo aveva già intuito:

Galileo Galilei

"La matematica è l'alfabeto in cui Dio ha scritto l'Universo. La filosofia naturale è scritta in questo grandissimo libro che continuamente ci sta aperto innanzi agli occhi, io dico l'universo, ma

non si può intendere se prima non s'impara a intender la lingua e conoscer i caratteri nei quali è scritto. Egli è scritto in lingua matematica, e i caratteri son triangoli, cerchi ed altre figure geometriche, senza i quali mezzi è impossibile a intenderne umanamente parola; senza questi è un aggirarsi vanamente per un oscuro labirinto."

Ma non è tutto, non dovremmo mai dimenticare che:

"Il colore che notiamo per primo è quello più bello, mentre quello che ricordiamo meglio è il colore più intenso".

Ecco il vero motivo per il quale percepiamo la bellezza di ciò che abbiamo intorno: la forma associata a quel colore che interagisce con i nostri sensi, ovvero l'estetica, perché tutto è energia, matematica e armonia.

L'Energia Esoterica e la Terapia Essena

I fenomeni legati all'energia mi hanno sempre incuriosito, ho seguito con interesse alcuni esperti di energia esoterica di cui non posso fare il nome. Quindi ho raccolto una serie di informazioni che ho tradotto in questo brano.

La Terapia Essena è una terapia energetica mentale a metà strada tra il reiki e l'agopuntura. Infatti in questa tecnica non si tocca il paziente e l'agopuntura è di tipo mentale. L'azione è focalizzata sul "corpo sottile" delle persone... Le energie "sottili" sono quelle che non vediamo, ma esistono.

Dal punto di vista esoterico la Terapia Essena si rifà all'uomo visto dalla Teosofia e dalla Antroposofia. Dunque, dal punto di vista teosofico o spirituale che dir si voglia, l'essere umano è composto da vari "strati" di energia, dal più sottile, potremmo dire "animico", al più grezzo: il fisico. Ovvero, il corpo fisico è formato dal corpo spirituale e da quello sottile a loro volta suddivisi ulteriormente. Il corpo sottile comprende tre "strati": il corpo eterico, il corpo astrale, l'io razionale; l'astrale (corpo animico o emozionale) è il più conosciuto ed è quello su cui lavorano i terapisti esseni. Questo è solo un riassunto veloce, dal punto di vista esoterico, esistono descrizioni più precise dei "corpi" sottili.

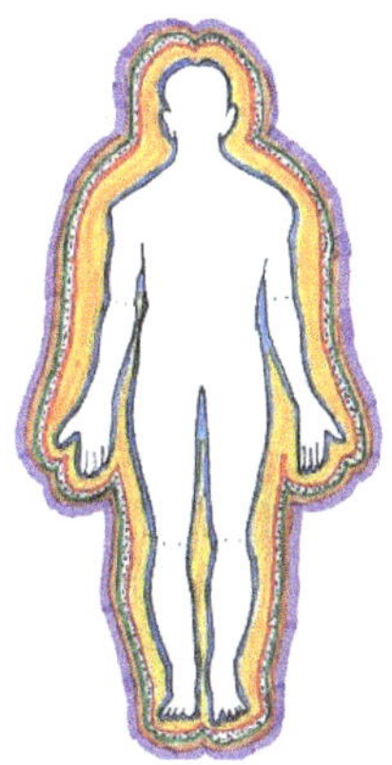

Il corpo sottile

La discesa energetica

Il corpo astrale è quello che la tecnica fotografica della "camera kirlian" riesce a riprendere, quello di cui si vedono i colori. Il bordo più esteriore è cosiddetto "aura", mentre l'eterico è il corpo che segue subito dopo ed è quello più legato al fisico; questo corpo sottile è invisibile a occhio nudo, ma ben percepibile, è quello che registra il dolore e il piacere; infatti, in caso di amputazioni spesso il dolore all'arto permane, perché? Perché abbiamo rattoppato il fisico, ma non l'eterico. Terapie come quella essena consentono di far cessare il dolore poiché esplicano la loro azione direttamente su questo corpo per effetto della discesa energetica.

L'energia curativa riversata nell'eterico si esprime sul fisico, curando il sintomo e permettendo la guarigione sia fisica che emozionale; a volte può succedere che la terapia non guarisca il male fisico, ma spinga la persona verso uno stile di vita o degli interessi che modificano le abitudini o i pensieri sbagliati che hanno creato la malattia, portando così alla guarigione interiore. In seguito a questo cambiamento spesso si raggiunge anche la completa guarigione fisica. Se il problema risiede nell'area del pensiero, umorale o emozionale, può non essere sufficiente eliminare le energie negative, bisognerebbe, in questo caso, provvedere a riattivare quelle positive e soprattutto a modificare la percezione emotiva o il modo di pensare o di prendere la vita: piano, piano.

Con l'aiuto della terapia energetica, che riversa un'energia di alto livello vibrazionale, si porta l'essere a cambiare da dentro senza fare violenza; la tecnica non si può spiegare facilmente, perché occorre una preparazione teosofica; per chi è interessato esistono dei corsi pressoché gratuiti in cui insegnano la base teosofica e la tecnica.

Bioelettrografia di un polpastrello

L'incontro con il paziente è di accoglienza, all'inizio la persona fornisce il proprio nome, descrive i suoi disturbi fisici e discorrendo brevemente si cerca di comprendere il suo approccio alla vita, poi in silenzio, nella calma della piccola saletta di terapia, i terapeuti si concentrano attivandosi come canali consapevoli e iniziano a "lavorare" sul paziente.

Il lavorio energetico si potrebbe descrivere così: è come spiegare all'organo malato come dovrebbe essere quando è sano, stimolando la sua NATURALE guarigione attraverso l'energia che gli è compatibile specificatamente.

Solitamente il paziente sensibile sente quasi subito il miglioramento. A volte si hanno dei casi di peggioramento immediato e miglioramento dopo un paio di giorni dalla terapia. La terapia essena si integra bene con l'omeopatia e le terapie naturali in genere. I rimedi omeopatici agiscono nello stesso modo, ma a livello più fisico.

Il termine "Terapia Essena" si potrebbe definire "terapia cristiana", poiché gli Esseni, che risalgano all'antico gruppo essenocristiano, erano considerati guaritori. In ogni caso, gli Esseni non seguivano precisamente i principi cristiani anche se ne avevano molti in comune, ma questa è storia.

Gesù e gli Esseni

Sono convinto che il nostro cervello sia molto potente e che ogni disciplina basata sugli scambi energetici sia giusta. Ognuno deve trovare la sua, anche se la base o meta finale è uguale per tutti: la mente e il cuore.

La nostra mente è forte, se usata bene è uno strumento potentissimo, ma non bisogna mai slegarla dal cuore. Il cuore è la sede dell'amore impersonale, dell'energia del Cristo, dell'energia della creazione e della vita, solo il cuore può rendere bello il brutto. Ogni religione ha delle similitudini tra le energie. La Teosofia trae il meglio da ognuna e si riconduce all'Unità. L'Unità esiste, non c'è solo il caos.

Vorrei ricordare che sono gli uomini che hanno scritto i testi e vivono le religioni. L'Unità è relativa e analizzando il significato del termine si potrebbe arrivare alla conclusione che ci sono diverse unità che vivono nello stesso tempo e spazio. Ogni unità è la sola esistente e tutte convivono allo stesso tempo. L'unità congloba in sé tutto ciò che è. Esistono a livelli diversi. Aprire dei varchi tra i livelli e scoprire che esiste un'Unità differente può essere una soluzione oppure una disgrazia, comprendere rimane sempre un dono.

Rudolf Steiner

44

"Essere" e non sembrare

Ali di gabbiano che trasportano la libertà:
essere e non sembrare,
sembrare un sogno per vivere, vivere l'essere.

La vita dell'uomo è fatta di umanità. Ma l'umanità a volte si può perdere. Ah, quante volte il passato ritorna! Eppure è passato e, in quanto tale, non dovrebbe esistere più, forse come non esiste neanche il presente, mentre potrebbe esistere solo il futuro, appunto perché deve ancora venire... ma appena giunge diventa un presente che non dura il tempo necessario per restare, quindi è già passato.

Appunto perché ancora "non è", il futuro è l'unica cosa per la quale vale la pena battersi. Ma come fare a combattere e vincere il fato avverso? Dimenticando il passato? Non è facile, spesso non è possibile e neanche giusto. Allora incontriamo di nuovo il concetto del "superamento" di Nietzsche che si applica anche in questo caso.

Prendete per esempio la vostra mano. Osservate il palmo, il dorso e le falangi; nella mano c'è tutta la vita. Infatti, non a caso si dice che "abbiamo la nostra vita in mano". Spesso accade che tutti i problemi si fondono insieme e si confondono: quelli reali che si perdono nel virtuale, quelli virtuali che diventano reali, quelli onirici che devono rimanere tali, quelli che si trasformano in una realtà di sogno, ecc. In ogni caso il futuro è sempre nelle nostre mani, non in quelle di altri.

Siamo vittime dei nostri stereotipati pregiudizi e sbagliamo quando inconsciamente li usiamo per cercare di comprendere una situazione o una persona. È già difficile comprendere il pensiero di chi pensiamo di conoscere e che ci tende una mano tutti i giorni, come possiamo afferrare la pur più piccola briciola dell'Io di chi non conosciamo o non abbiamo mai visto?

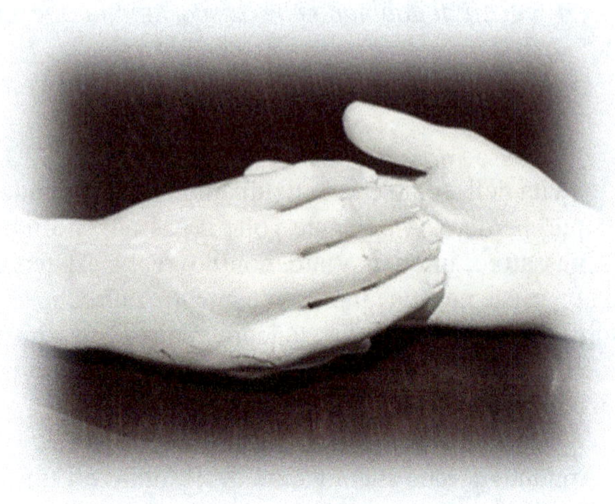

Presupposti sbagliati.

Mai rinunciare a trovare quelli giusti, sinceri, amichevoli e al momento giusto anche scherzosi. Quando uno scrittore incontra un destino avverso è bravo a descrivere il proprio stato d'animo a parole!

Guai se non lo facesse, non rimarrebbe fedele se stesso. In questo modo lo esorcizza. Guardiamo in faccia il fato e facciamo come lo scrittore: rimaniamo noi stessi senza sembrare di essere qualcun altro e senza curarci dei giudizi altrui o di chi potrebbe guardare, sorridere o giudicare, perché l'unica persona di cui dovremmo tenere conto è solo colei o colui che ci ama (noi stessi in primis) e che noi amiamo.

Ah, come è sottile, alle volte, il distinguo tra amicizia e amore, se si ama l'amicizia si è amici dell'amore e se l'amore s'innamora di noi, tutti i colori diventano belli, ecco che riusciamo a vedere la luce anche nel buio e la primavera sboccia con tutta la sua forza anche nel gelo dell'inverno.

Può capitare che l'amore finisca, perché invece di "essere"... "sembrava...".

Ecco a mio modo di vedere come si applica di nuovo il concetto del "superamento" in questo caso.

Do una sorta di spiegazione (mia) su questa frase.
"Per comprendere tutte le cose del megaverso, i sentimenti, il fato, occorre superarle".

Superare il passato significa riuscire a sublimarlo, accettare che sia passato e vivere nel futuro (ché il presente non esiste).
Cosa possiamo fare se non superare l'uomo? Come afferma Nietzsche in **"Così parlò Zarathustra"**: occorre superare se stessi. Anche per riuscire a nutrirsi dell'energia dei sogni occorre superarli e non fermarsi semplicemente a desiderare che si realizzino; occorre usarli e perforarli traendo da loro la forza per realizzarli.

Superamento

Per esempio non dovremmo dimenticarci che le medicine sono solo dei veicoli e che il pensiero positivo è la forza che le guida verso il male da curare, solo così è possibile sconfiggerlo.

Non perdiamo quello che è un diritto: vivere, esprimersi, amare, nonostante le atrocità che ci circondano e come per tutte le cose… Panta rei, accettare la vita in continuo mutamento.
Solo così, cercando di mettere in pratica tutto quello che ho scritto, potremmo aspirare ad "essere" e non semplicemente "sembrare".

$$\Pi\acute{\alpha}\nu\tau\alpha\ \dot{\rho}\varepsilon\tilde{\iota}$$

La vita

A volte la vita ci scorre davanti come un fiume pieno di detriti. Questi detriti sono parole scritte nel vento senza un indirizzo preciso. Così chi le deve ricevere non potrà mai comprenderle.

Spesso vale di più un solo ciao, inviato con il cuore, che le parole di cento belle canzoni. Sorridere. Sì, forza dai! Anche se ci vuole coraggio quando non c'è il motivo.

Scrivere, sarà forse inutile, infantile, ma scrivere ciò che proviamo, che sentiamo dentro, può essere un modo per recuperare il sorriso perduto, almeno finché il tempo non approfondirà la ragione.

Allora se hai perso il sorriso scrivi e comincia a riempire di colori le parole. Se nel frattempo sopraggiunge la voglia di scappare, di piantare tutto e tutti, ricordiamoci che tutto il mondo è paese, vittima delle stesse delusioni, fatiche e amarezze.

Nessun omino verde verrà a prenderci per portarci su un disco volante, nel mondo che immaginiamo.

Quel mondo dobbiamo costruircelo noi.

"È sempre un bel giorno per essere vivi"

Cerchiamo di lottare per realizzare almeno in parte i nostri sogni, quel-li di trovare lealtà e amore, o forse il successo, forse solamente un po' di serenità.

So che le crisi sono in agguato, di fede, di morale, crisi in se stessi. Proviamo a sdoppiarci e osserviamoci.

Chi vive dentro il nostro debole corpo? Il nostro essere o ciò che è stato costruito, che è cresciuto e vissuto plasmato dai duri ostacoli incontrati? È giusto e doveroso cadere per poi rialzarsi e ricominciare, normale a qualunque età, è così che si cresce.

La psiche colpevolizza l'individuo senziente che si nutre, nel travaglio spirituale, della coscienza dell'essere, tentando di raggiungere la consapevolezza del "siamo".
Non dobbiamo essere inconsce marionette guidate dalle mani del destino, quel terribile burattinaio che comanda tutto e tutti e che forgia persino quella trottola senza pace del nostro carattere.

Dobbiamo lottare duramente per cercare di raggiungere la consapevolezza del "siamo": questa è la spinta per vivere.

E noi viviamo.

L'importante è questo, anche se alcune cicatrici rimarranno indelebili nel tempo, cicatrici finte create da noi e provocate da chi crede di non sapere. Forse basterebbe poco per sanarle, ma l'ostacolo non è il non *saperlo* fare, piuttosto il non *volerlo* fare.

I Quattro Elementi, il cinque, la geometria di Platone e l'Uomo

Vi propongo questa mia riflessione sui Quattro Elementi in relazione alla geometria di Platone.

Il solstizio di primavera è uno degli emblemi che ricordano la regolarità delle stagioni, un susseguirsi di eventi naturali, astrologici e climatici che pur con minime variazioni si ripetono ogni anno nei secoli dei secoli, appunto con la regolarità che la natura ha imposto a se stessa per garantirci l'infinito.

Non vi è dubbio alcuno, per quanto mi riguarda, sull'esistenza del connubio tra matematica, geometria e natura, ovvero l'universo. In questo scenario non poteva mancare la filosofia, infatti, questa regolarità diventò molto suggestiva quando Platone si accorse che poteva essere applicata ai solidi, i cosiddetti solidi Platonici. Quindi, nel dialogo Timeo, scritto da Platone attorno all'anno 360 a.C., il filosofo attribuì a ciascun solido regolare uno dei Quattro Elementi:

all'esaedro (cubo) la terra;
all'ottaedro l'aria;
all'icosaedro l'acqua;
al tetraedro il fuoco.

Mentre, in un altro dialogo, il Fedone, il Filosofo ritenne che il dodecaedro fosse la forma dell'universo (etere).

Platone affermò: «*La vera terra a chi la guardi dall'alto presenta la figura di quelle palle di cuoio a dodici spicchi, variegata, distinta a colori*»

Il grande filosofo intuì in questi solidi la presenza di una razionalità superiore nascosta nella comune realtà, assegnando loro la funzione di intermediari tra la perfezione del mondo" iperuranio" (il mondo delle idee di Platone) e la mutevolezza dei fenomeni naturali, potendo così affermare che «Dio geometrizza sempre» ".

I solidi regolari non possono essere più di cinque, numero che come significato esoterico è tradizionalmente attribuito all'uomo, inscrivibile nella stella a cinque punte, come nel disegno di Leonardo, dotato dei cinque sensi canonici attraverso i quali è strumento della perfezione della materia per mezzo della mente (incarnazione dello spirito).

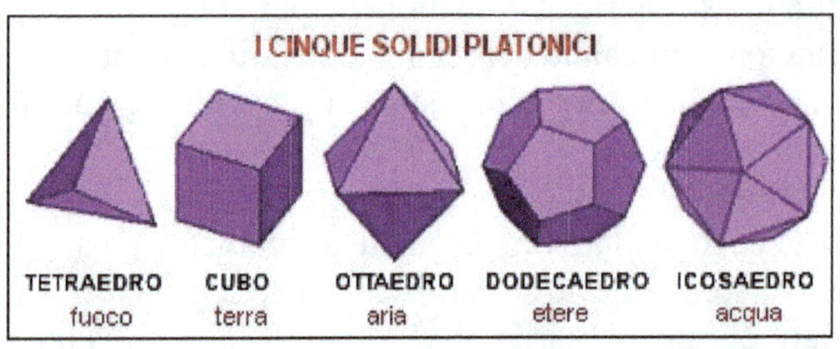

Troviamo il cinque dappertutto: nell'arte, Salvador Dalì ne fece uso nelle sue opere; nella religione il nome ebraico del Cristo incarnato è formato da cinque lettere; nella cosmogonia cinese tutti gli elementi, suoni, colori, sentimenti, visceri ecc., sono raggruppamenti di cinque elementi. Il cinque ha proprietà basilari in ambito matematico, fisico astro-fisico, biologico…

Jacques Bergier, scienziato, spia, alchimista, scrittore del 900, ci pone alcuni esempi: "Non esiste un nucleo stabile di 5 particelle o un cristallo la cui simmetria è basata sul numero 5, mentre al contrario, la simmetria di numerose forme viventi, come la stella marina è basata sul numero 5; gli astrofisici non hanno mai capito perché la sintesi del-la materia nelle stelle si serve di vie che girano intorno al numero 5."

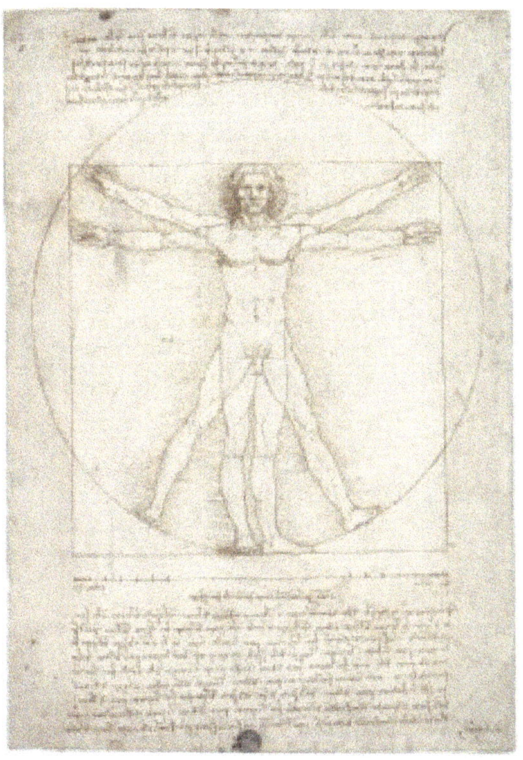

Anche i liquidi devono il loro stato particolare a un'organizzazione basata su questo numero così come i citati solidi o poliedri regolari che non possono essere più di cinque. Dunque, il cinque è una delle frontiere che incontra l'essere umano nella sua percezione dell'universo e probabilmente segna il limite di ogni suo tentativo di misura, essendo esso stesso la "misura".

Tornando alla struttura dei liquidi, alcuni studiosi hanno dimostrato che le molecole d'acqua sono raggruppate in una struttura pentaedrica (simmetria in ordine 5) sensibile alle variazioni di campo delle forze galattiche presenti nell'universo. Quindi, ricordando che l'essere umano e la maggior parte degli esseri viventi sono composti da circa il 90% di acqua, si comprende come il numero 5 si dimostri essere un intermediario tra le radiazioni cosmiche e l'evoluzione della vita terrestre.

Vorrei ricordare inoltre che "geometria" significa "misura della terra". Le forme sono il risultato di grandi ritmi cosmici sul piano concreto della materia terrestre. Il cerchio è la rappresentazione più completa di qualsiasi realtà macro o micro-cosmica, richiama l'infinito divino degli spazi siderali, e la "quadratura del cerchio" esprime la relazione tra il mondo divino e il mondo materiale.

L'amore quantistico

Vi propongo questo pensiero.

Esiste una forma d'amore che potremmo definire "quantisti-coesponenziale".

Considerando che l'infinitamente grande del macrocosmo è contenuto nell'infinitamente piccolo del microcosmo, questo modo di amare varca i confini dello spazio-tempo. Possiamo asserire, con una buona dose di sicurezza, che il fenomeno cosiddetto "Entanglement", concorra in buona parte alla "consecutio temporis", legato alla nascita di un sentimento di tal genere.

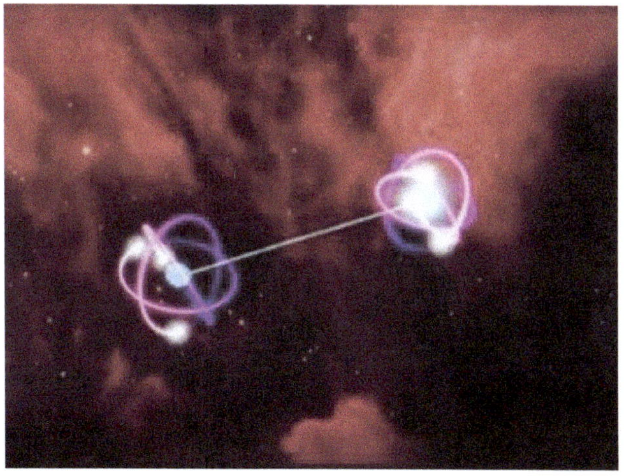

Infatti cosa contribuisce alla costante unione di due particelle, sebbene a causa del corso degli eventi multidimensionali siano locate in spazi e dimensioni diverse?

La risposta è: l'energia primordiale dell'amore vista dal punto di vista quantistico.

Infatti tale energia risulta essere trasversale su tutti i piani dell'esistenza ed è la forza che mantiene unito il collegamento, rimanendo presente sia a livello di microcosmo che di macrocosmo. Ricordando, come ampiamente dimostrato, che il multiverso è in continua espansione, anche l'amore quantistico non può essere considerato statico, bensì acquista la caratteristica di "esponenziale".

Comunque occorre tenere conto del principio di indeterminazione di Heisenberg che introduce il concetto di incertezza. In realtà, l'amore quantistico sfrutta questo principio per produrre l'energia necessaria al suo continuo moto esponenziale.

Ciò è dovuto a un'applicazione del principio di complementarità enunciato da Niels Bohr. Infatti tale principio si basa sul dualismo quantistico determinato dal continuo movimento delle particelle energetiche che a livello subatomico creano energia. Per questo tale forma d'amore è in continua evoluzione.

Bohr, Heisenberg e Pauli (al primo banco)
in una riunione del 1937

L'Entanglement è un fenomeno che resiste al tempo e allo spazio, più il multiverso si espande, più forte sarà la forza di connessione tra le particelle che formano l'amore quantistico, con un'importante peculiarità: considerata la gamma di valori che caratterizza ogni singolo quanto, idealizzato per primo da Planck, ognuno di noi può scegliere o sentire il valore che più si addice alla propria natura di essere umano.

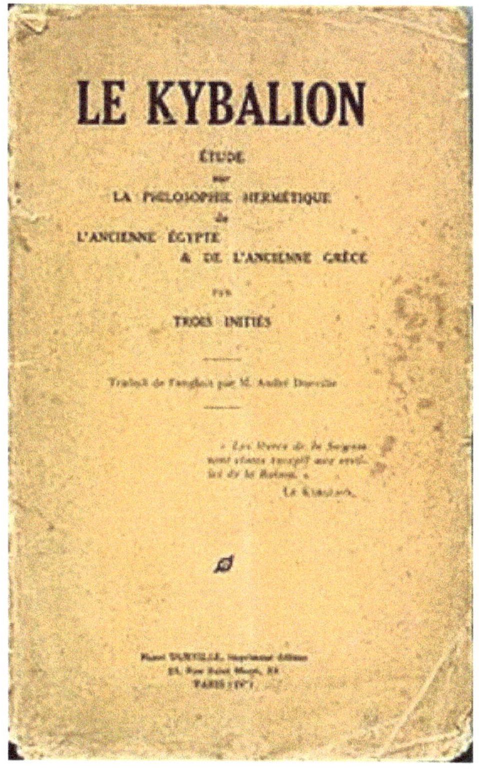

Ricordiamoci ciò che è stato scritto nel 1908 su "Il Kybalion":

"Come sopra, così anche sotto; come sotto, così anche sopra. Come dentro, così anche fuori; come fuori, così anche dentro. Come nel grande, così anche nel piccolo."

Il non luogo del non-tempo

O vvero l'immortalità del tempo.
Vi propongo un altro mio pensiero.

Spazio e tempo sulla scacchiera della vita:
"Il tempo è uno spazio delimitato da uno stare e un per-ché".

Inizio così questo brano, che in realtà prende spunto dalla seguente considerazione:

"A volte lo spazio non è al posto giusto".

Nascendo abbiamo iniziato un viaggio che ci porterà dove *mai nessuno è giunto prima*, per accorgerci che non siamo mai partiti; infatti, viviamo dentro l'eterno elicoide di uno spazio collocato nel tempo e può capitare che il luogo sia un non-luogo e il tempo un non-tempo, ovvero, che lo spazio non sia al posto giusto in senso temporale.

In quest'era ci troviamo a vivere in una sorta di crocevia del tem-po seguendo solo una direzione.
Dovremmo ricordarci che nella quarta dimensione la cronologia non esiste, la clessidra ne è l'esempio perfetto, perché la puoi capovolgere e invertire la direzione.

Infatti, se la macro è uguale al micro e ciò che sta sotto sta anche sopra, anche il presente si può fermare nell'istante.

Un altro simbolo interessante è la scacchiera. La tavola composta da quadri, o rombi, bianchi e neri, rappresenta la dualità: il bene e il male disposti in fraterna lotta nel non-tempo. Per trovare il cosiddetto bandolo della matassa dobbiamo pensare al tempo e allo spazio in modo diverso. Trovato il nostro "perché", ogni cammino nel non-tempo, corrisponderà al passato, presente e futuro nella forma più significativa: libertà, uguaglianza e fraternità.

Solo così: fermiamoci ad ascoltare i battiti del cuore e il nostro respiro, osserveremo che il non-tempo si tramuterà in tempo e il non-luogo in luogo: il Qui e Ora.

Solo raggiungendo tale consapevolezza potremmo comprendere il perché del nostro stare, che trova la sua immortalità nel passato, nel presente e persino nel futuro.

La conoscenza

La Conoscenza può essere pericolosa e non si può affrontare a cuor leggero, quindi acquisirla non è un compito facile. Per riuscire a migliorare il nostro bagaglio culturale, non solo nozionistico, è innanzitutto necessario lavorare a livello delle energie sottili, cominciando con il comprendere che occorre affrontare l'ignoto con la consapevolezza che rimarremo sempre ignoranti di fronte allo scibile um-ano e non.

Lungo questo cammino incontreremo dei segnali la cui base sarà principalmente emotiva. Lavorando su noi stessi saremo in grado di fare un percorso di Conoscenza che ci porterà immancabilmente verso la giusta meta: il miglioramento dell'essere umano attraverso quello del singolo individuo. La stessa Conoscenza aiuterà a farsi comprendere, perché è il suo scopo.

Ci sono sensibilità, doni e intelligenza diversi in ognuno di noi, per questo i gradi di comprensione sono diversi, ognuno recepisce il livello più adatto a lui. Quindi la Conoscenza che apprenderemo sarà quella che si adatterà alle nostre capacità.

Per perseguire lo scopo finale, dovremo cercare di adattare la conoscenza alle capacità di chi incontriamo, non il contrario.

I veri Maestri lo sanno fare.

Tra due menti potenzialmente uguali occorre definire chi merita più attenzione, soprattutto in questa società dove le persone non sono apprezzate secondo dei giusti parametri meritocratici, ma sono riconosciute secondo interessi e convenienze politiche.

Comprendendo questo, cioè che ognuno può raggiungere solo il livello più adatto a lui, riusciremo a fare due cose fondamentali:

- mantenere lo stesso rispetto verso chi non raggiunge il livello che vie-ne recepito da un altro.
- ricordarci che l'umiltà è la prima caratteristica di ogni Maestro.

Queste due cose, insieme al tempo, potrebbero portare a innalzare il livello di Conoscenza anche delle persone a cui non è "arrivata" subito.

Il cammino deve essere uno stimolo, e sarà utile solo se farà nascere nuove domande, invece di trovare solo risposte.
Sarà questa la differenza tra chi svolge questo tipo di lavoro solo accontentandosi di svolgerlo e chi si adopererà affinché" funzioni" davvero per migliorare l'universo in cui viviamo.

Socrate e la religione

"Colui che ama è cosa più divina di chi si lascia amare, perché un dio lo possiede."
(Socrate)

Prendo spunto da questa frase di Socrate per esprimere un pensiero sulla religione dal mio punto di vista teosofico. Non vorrei vivere un solo tipo di religione, perché la scelta viene, almeno inizialmente, condizionata dal posto in cui nasciamo. E con posto intendo ambiente, cultura e tradizione del Paese di origine. Poi qualcuno nel corso della vita può convertirsi o diventare agnostico, se non completamente ateo. Qualunque scelta, a mio modo di vedere, è degna di rispetto finché la persona rispetta gli altri. In caso contrario, al posto dell'odio andrebbe usata la tolleranza e se le leggi esistenti fossero applicate correttamente sarebbero in grado di tutelare la libertà di Credo e di opinione come sancito dalla Costituzione. Per arrivare a ciò bisognerebbe prevenire il fanatismo che sapientemente manipolato porta alle stragi presenti ancora nelle cronache di tutti i giorni, sia in oriente che in occidente.

Quindi, oggi, ci vuole più coraggio a credere o a non credere in "un" Dio? La risposta varia molto, dipende dall'ambiente geografico e dal contesto in cui la si pone. Semplifichiamo e pensiamo solo all'occidente, dove i "medio borghesi" utilizzano la tecnologia come mezzo di comunicazione. Se penso a questa realtà, concludo che la domanda è posta con i termini sbagliati, anche se indubbiamente dovrebbe indurci a riflettere.

Perché, perdonatemi, con infinita umiltà, vorrei conferire a qualunque Dio un significato di tipo illuminista, una sorta di spiegazione che tenta di uscire dai dogmi della classica fede. Per tentare di dare un senso al mio concetto di Dio, ho pensato al semplice verbo "fare": "cosa ci facciamo qui?" Qualcuno azzarda che siamo nati nel silenzio soli e con il dubbio. Silenzio inteso come assenza di fede? Sì, ma non per forza nel Dio che ci hanno presentato, chiunque Egli sia, bensì nel silenzio dello spirito, inteso come l'essere che alberga in noi. Io credo nel risveglio di questo nostro Essere che giace sopito, apparente vittima dell'effimero dal sapore puramente occidentale moderno.

Gli antichi erano più saggi... chi oggi, sposando le tecniche di meditazione, tenta di avvicinarsi al proprio spirito, in qualche maniera anela a quella saggezza. Purtroppo, finché non ci libereremo dei biechi istinti umani non potremo asserire di essere davvero dei credenti in un Dio a cui con coraggio vorrei attribuire una parola che non dovrebbe tradire il dogma religioso. Concedetemi quindi di sostituire alla parola Dio... la parola Amore. Solo così mi tornerebbero i conti e potrei davvero rispettare ogni Credo.

Noi siamo gli abitanti di Dio, metafora o realtà?

La psiche umana è paragonabile a un'arancia: quando pensi di aver assaporato ogni spicchio, ecco che ne compare uno nuovo, mille facce e centomila anime, direbbe Pirandello, già "Uno, nessuno e centomila".

Luigi Pirandello

Ogni istante del giorno indossiamo una parte del vestito, perché è impossibile metterlo tutto insieme nello stesso tempo. Solo quando arriva sera, il Sarto ti cuce addosso il prezzo.   Noi siamo gli abiti di Dio e l'anima è la voce di quella parte di noi stessi che crediamo muta.

Ma quale anima è in grado di vestirsi correttamente la sera per prepararsi all'ultima cena? E quale, al mattino, può sfoggiare un candido sorriso che ne illumini la rinascita…

"Se del Sommo nulla si può non dimandar che lo saggio stare nel giorno è simbolo di celate virtude?"

É altresì errato vivere dentro l'ovatta contenuta in un sacchetto di plastica consumato dal tempo, sebbene indistruttibile; in quelle ore del giorno, masticate con angoscia, si rimane in attesa di un domani che non ha un nome, né un quando.

E aprendo l'aurora al mattino potremmo trovare due cose: l'alba, inizio di un ciclo, o il tramonto, la fine di un'esistenza.

Tutto si ripete, ogni piccolo infinito istante che alberga dentro il pensiero e dentro la vita, mentre in un attimo ci perdiamo nell'orgasmo di un sogno mai nato, essenza della stessa esistenza. Ma cos'è la vita se non un sogno che si compie solo nell'attimo della consapevolezza della propria morte? I sogni sono fatti di immagini e parole che esistono nell'ipocrisia immaginata dal Grande Sarto...

La realtà è forse il retro della medaglia.

Astuto, il Tagliatore di stoffe: confeziona storie di seta cinese per indurre l'uomo ingenuo a pensare che la vita è siffatta a sua arte e costume, mentre del solo rocchetto vuoto bisognerebbe tener conto, in quanto foggia e colori sono di competenza dell'uomo. Santa, la fede riposta nel cappello con le piume al vento, sicché della tempesta si possa nutrire e al sole donare i propri pensieri. Libeccio e bora all'angolo del tempo incontrano il maestrale, dunque nasce il tornado... ah, quante spire ha questo vento, le puoi contare solo se ti fai prendere dalla noia, ma tu, uomo che hai in mano il sacro sapere, sai come poterlo fermare?

Metafora o realtà.

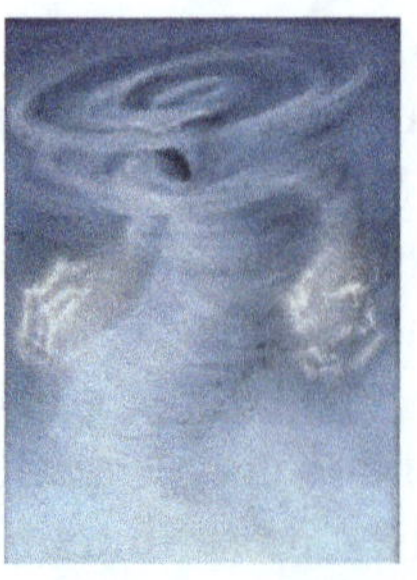

Elucubrazioni di fine festività

Le feste di fine anno sono finite. Siamo al 6 gennaio. L'Epifania ormai si è compiuta. E i doni che i Re magi hanno allegoricamente portato a tutti noi giacciono lì, in un angolo remoto della nostra realtà. Una realtà che domani, ma per molti altri già dal 2 gennaio, rappresenterà gli stessi problemi di sempre, forse persino peggiorati. E ci ritroveremo a lottare contro le quotidiane angherie, le persone antipatiche e scontrose, i capi ipocriti che ti accoglieranno con il sorriso: «Buon anno!» Buon anno cosa! Ché mi tocca sopportare, obtorto collo, tutte le tue decisioni... perché "tengo famiglia".

E... ci sarà chi si sentirà meglio: finalmente le feste sono finite; chi a capo chino ricomincerà a fare un lavoro che odia; chi sogna di essere al suo posto, perché un lavoro non ce l'ha nemmeno. Ancora, ci sarà chi lotta in un letto d'ospedale contro un male incurabile, sperando nel miracolo, chi deve aspettare il fine settimana giusto per vedere il figlio, perché gli hanno concesso questa possibilità solo a weekend alterni. E ci sarà chi neanche a Natale ha visto il proprio fratello per le solite incomprensioni, chi ha dovuto lavorare durante le feste e ora finalmen-te potrà riposarsi fino a Pasqua, perché lavora solo nelle ricorrenze, quando i ristoranti si riempiono di gente che poi andrà in palestra per smaltire le calorie accumulate. Ci sarà anche chi ruba e durante l'anno chiede l'elemosina per sopravvivere, chi si domanda perché deve pagare all'erario l'anticipo sugli eventuali guadagni che forse non farà mai... già, dopo c'è il conguaglio.

E i centri commerciali? Le luci si spegneranno, i saldi faranno sognare di aver fatto un affare per un maglione, un paio di scarpe o una borsa del modello precedente di cui non avevano assolutamente bisogno... ma, *caspita, sono griffate*! Per poi scoprire "Made in China"...

E i clochard di professione, ormai convinti che la loro è una vita finita nell'ombra, vittime del consumismo più sfrenato. E così via...

Ma quei doni che avremmo dovuto ricevere oggi? Che fine faranno?

Non lo so. Probabilmente rimarranno per terra con il loro inutile simbolismo. Eppure vorrei per una volta tentare di farli miei, a mio modo e donarli a mia volta. L'oro simboleggia la regalità: ognuno di noi è Re di se stesso e di tutti. Perché essere Re significa regnare sul proprio io al fine di renderlo idoneo al noi, al voi, a loro.

L'incenso simboleggia la divinità, l'adorazione che non vorrei fosse verso un'entità superiore, bensì verso l'ultimo degli uomini, perché l'essere divino si identifica nell'umiltà, nella modestia e nella semplicità, contrarie all'orgoglio.

Infine la mirra simboleggia la rinascita attraverso la sofferenza. Il più bel dono, a mio avviso, è rinascere domani più forti e più consapevoli che il "qui e ora" deve essere il nostro obiettivo primario, dimenticando tutto il resto. Così, chi sta soffrendo, chi vede solo oscurità intorno, chi pensa di non avere più un motivo valido per vivere, potrà ancora scorgere una tenue fiammella in fondo alla via.

A questo vorrei che servissero i regali doni.

"Perché esistiamo?"

Una domanda che spesso si legge sui social, su cui le menti pensanti dibattono da sempre, è la seguente: "Perché esistiamo?"

Pensandoci mi è venuto in mente un'applicazione dell'effetto "farfalla".

Nella maggior parte dei casi, questa domanda nasce quando non ci sentiamo appagati. In quel momento ci mettiamo davanti a un bivio ed è inevitabile fare un bilancio. Naturalmente, a questo punto il risultato è quasi sempre negativo: ci ritroviamo insoddisfatti. Ciò di norma accade quando tutto il resto, per esempio l'aspetto economico o la salute fisica e mentale dei nostri cari e nostra, sono a posto. Quindi il motivo è diverso e va ricercato dentro noi stessi, al fine di trovare ciò che andrebbe cambiato: ossia la percezione che abbiamo del mondo che ci circonda convincendoci che "è sempre un bel giorno per essere vivi".

Tale forza, spesso, si trova proprio nelle persone che soffrono, ma hanno deciso di non mollare. Queste persone fanno o sono in grado di fare molto per gli altri. E così facendo si sentono meglio. Ciò è dovuto al fatto che a ogni azione corrisponde una reazione che non sempre è uguale e contraria. Anzi spesso si verifica l'effetto "farfalla". In altre parole: l'ambiente in cui viviamo è un sistema instabile, per cui basta una minima variazione per scatenare eventi importanti. Per questo non bisogna spaventarsi, il cambiamento di percezione, la voglia di vivere possono nascere da una piccolissima azione e la legge del "do ut des", citata in precedenza, vale sempre e funziona.

Coincidenze

La combinazione di alcuni avvenimenti mi fa sempre riflettere, per esempio quando nell'anno 2019 lessi questa notizia:

"È morto l'attore Rutger Hauer, indimenticabile nel ruolo del replicante di 'Blade Runner'. Aveva 75 anni e una lunghissima carriera di più di 170 titoli, ma la popolarità la deve al film di Ridley Scott. Colpisce la coincidenza della morte nell'anno in cui era ambientato il film e in cui il suo Roy moriva, il 2019".

Rutger Hauer

Io non credo alle coincidenze, anche per deformazione professionale. Cerco di analizzarle con razionalità e logica.

Raziocinio e logica devono essere introdotte nella fantasia dei sogni, in modo da estrapolarne i messaggi. Tutto va coniugato ai desideri che si manifestano nei sogni e forse la chiave di decifrazione delle coincidenze è proprio questa. Sono convinto che tutto sia collegato, ma la strada può prendere direzioni inaspettate, anche se porta sempre a destinazione. Le circostanze e le coincidenze forse ce le creiamo da soli senza accorgercene.

Alle volte sogno cose che sembrano vere, talmente vere che ogni tanto faccio fatica, al risveglio, a distinguere i sogni dalla realtà.

Ci sono eventi che si attraggono, ci sono forze intorno a noi che regolano tutto ciò. Per questo non credo alle coincidenze. Me ne sono capitate molte che al momento non ho compreso, poi, molto tempo dopo, sommate insieme, hanno dato origine a certe cose ben chiare e distinte.

Conoscete Isaac Asimov?
La psicostoria?

Hari Seldon era il protagonista della Trilogia delle Fondazioni. Era uno psicostorico o psicostoriografico. La psicostoria si basa sull'analisi degli eventi nel corso dei millenni e utilizzando un computer potentissimo genera modelli matematici utilizzabili per predire gli eventi storici e politici con poco errore di scarto.

Isaac Asimov

Ora le coincidenze non si capiscono al momento, un po' come le profezie di Nostradamus; solo dopo che i fatti sono accaduti... ecco cosa significava...

Queste situazioni sono spesso comode e strumentalizzate, altre volte invece corrispondono al vero.

Tutto ciò che accade è energia.

Ma torniamo appunto all'energia, Asimov è stato un precursore, tutto ciò che ha scritto si sta verificando; in ogni caso l'energia che accom-pagna la vita sotto molte forme, non si confina solo allo spazio che ci circonda, non ha limiti né dimensioni, infatti non si può distruggere.

Quindi non ha neanche tempo. Vive nello stesso istante, nel passato e nel presente, come nel futuro. A questo punto nascono le cosiddette coincidenze.

Ogni azione è energia.

Tali coincidenze possono avvenire sotto forma di reazione a certi tipi di energia. Ogni evento è energia proveniente da qualsiasi momento nello spazio-tempo, persino le parole scritte o pensate e, soprattutto, esiste una forma di energia che dovrebbe essere considerata la più forte: quella dei sentimenti. Vaga potente e genera molte reazioni e messaggi apparentemente incomprensibili. Solo alcuni hanno la facoltà di interpretarli, molti sono fanfaroni, ma alcuni sono onesti. Ci sono diverse definizioni: shining, luccicanza, divinazione, presentimenti, letture varie... Sono solo fluttuazioni di energia che qualcuno capta, altri no.

Per concludere questo guazzabuglio... le coincidenze continue possono essere fluttuazioni energetiche condizionate dai nostri desideri attuali che a causa dell'assenza del limite spazio-tempo possono verificarsi in momenti diversi dell'esistenza. Un modello matematico gestito da un super computer potrebbe decifrarle, purtroppo solo a posteriori. Anche i nostri desideri

più forti, specialmente quelli localizzati nell'area dei sentimenti, generano fluttuazioni energetiche. Come già accennato, l'energia secondo il noto Albert non si può creare né distruggere. Quindi, secondo la mia ipotesi, essa non ha spazio, né tempo, o meglio vive contemporaneamente nel passato, nel presente e nel futuro. Ora queste fluttuazioni potrebbero generare delle reazioni fisicamente tangibili che di conseguenza hanno qualcosa in comune con accadimenti presenti che esistono o che semplicemente desideriamo; questi eventi, sempre nella mia ipotesi, prenderebbero il nome di *"arycoincidenze"*. Per il fatto che l'energia non ha dimensione spazio-temporale, tali *arycoincidenze* potrebbero nascere nel passato come nel futuro, per poi giungere a noi nel presente sotto forma di ricordo di "coincidenza attuale". Il solito computer potente, in grado di "ricordare" tutti gli eventi della nostra vita, potrebbe, utilizzando un modello matematico simile a quello usato per la psicostoria, formulare addirittura una premonizione o preveggenza sugli eventi futuri.

L'uomo e i numeri, i numeri e l'uomo

Vorrei ora parlare dei numeri e fornire qualche interpretazione simbolica, almeno fino al numero tre.

I numeri e l'infinito.

Prendiamo ad esempio il PIGRECO: *quando l'irrazionale cerca di spiegare il razionale.*

I numeri hanno una caratteristica unica: non finiscono mai, infatti è sempre possibile aggiungere un'unità. L'addizione è l'esempio più semplice per descrivere l'infinito.Da sempre, le più grandi menti del mondo si cimentano nel tentativo di razionalizzare il concetto di "infinito" senza riuscirci. Filosofi e matematici, teologi e scienziati si scontrano continuamente sul concetto di infinitamente grande o infinitamente piccolo, anche se ormai sanno che si tratta della stessa cosa.

Ma come si pone l'uomo medio di fronte all'infinito? Nascendo iniziamo subito a morire, questa realtà è, per noi, l'unica cosa certa. Forse un giorno qualcuno scoprirà questo segreto e donerà nuova luce sulla meta dell'uomo, continuando la ricerca alchemica dell'immortalità.

Tempo fa scrissi che la vita si plasma all'interno di corpi solidi. Nasciamo e ci troviamo aggrovigliati in forme geometriche indistinte. Ci colpiscono, ci penetrano, sono fuori e dentro di noi.

Linee rette, curve, parallele.

Forme che si chiudono, si aprono, che girano su stesse e si attorcigliano. Poi arrivano i corpi solidi, pericolosi, dai quali difficilmente si riesce a sfuggire. Quando ci prendono, ci inglobano, ci rinchiudono, ci soffocano. Spesso nemmeno ce ne accorgiamo.

Ai più fortunati capitani forme irregolari, composte da angoli e lati di diverse dimensioni, ad altri capita la monotonia delle forme regolari, sfere, cubi, coni, ecc... Questa è la trigonometrica vita dei numeri, diventata arte e sostanza; numeri dei quali, ormai, non possiamo più fare a meno.

La matematica è nata come evoluzione naturale del pensiero organizzativo dell'uomo, ma se prima era strumento, ora è diventata carnefice. Infatti oggi siamo vittime dei numeri, delle statistiche, delle scadenze... del denaro.

Il 14 marzo è la giornata mondiale in cui si celebra il "PI greco", uno dei numeri fondamentali della matematica. Gestisce il rapporto tra diametro e circonferenza del cerchio e quindi regola anche le forme geometriche indistinte. Per questo non lo amo. Con la sua caratteristica di numero irrazionale (la sequenza dei numeri decimali è infinita), è diventato il nostro carceriere.

Forse non a caso.

Infatti solo l'uomo nella sua "infinita" arroganza, poteva trovare un numero irrazionale per tentare di dare un senso alla propria vita mentre, ci scommetto, continua imperterrito la ricerca sul segreto dell'infinito.

I numeri sono importanti, comandano la nostra vita.

Leggendo su: "L'altra scienza, Enciclopedia della Parapsicologia ed Esoterismo", Trento Procacciante Editore, troviamo che l'universo è comandato dai numeri, tutte le interazioni tra cose e esseri viventi possono essere rappresentate numericamente. L'economia, la scienza, la tecnologia, persino tutte le arti hanno a che fare con la logica e con l'analogica, sia in maniera conscia che inconscia. Gli antichi erano più propensi a considerare l'aspetto "qualitativo" dei numeri e non "quantitativo". I numeri erano considerati degli archetipi sui quali l'universo ha fondato la sua essenza e il suo ordine. Nel corso del tempo questa concezione si è modificata. Sebbene purtroppo persista ancora la mentalità materialista, atta all'accumulo dei beni per scopi unicamente e-goistici, l'uomo ha iniziato a pensare ai numeri diversamente, intro-ducendo alcuni aspetti più "quantitativi", sebbene apparentemente il tutto si avvicini di più a una sorta di filosofia. Il numero contiene in sé un aspetto molto più importante, è un insieme di simbolismo ed energia: concede forma, vita ed esistenza a ogni essere vivente e ad altri esseri. Infatti ogni essere non è che la rappresentazione di un numero o di una somma di numeri.

Così nacque la numerologia.
Per ogni singola cifra tento di fornire alcune interpretazioni, escludendo per il momento le origini che risalgono a personaggi come Socrate, Elohim, i matematici di Samo come Pitagora o Apollonio di Tiana. Oppure la stessa Bibbia.

Apollonio

Quindi prendiamo come primo numero lo 0 (zero).
"Scrivo zero e porto tutto" - La più grande scoperta di tutti i tempi. "Scrivo zero e porto tutto" è un proverbio francese.

Lo zero è la condizione essenziale di ogni esistenza, rappresenta il vuoto assoluto.

Arnaud Desjardins ha detto: «*Non posso aggiungere del vuoto ad una cosa già riempita di oggetti. Posso solo togliere ciò che la riempie... Solo il vuoto è reale, unico e permanente. La realtà suprema è il silenzio e il vuoto*».

Arnaud Desjardins

Infatti i fisici che tentano di carpire i significati delle particelle elementari, in definitiva, non scoprono null'altro che il vuoto, e si affrettano a riempirlo di formule matematiche.
Walter Heitler afferma: «*Non c'è più materia, ci sono solo singolarità matematiche che dominano lo spazio*».

È una scoperta fantastica, forse la più grande di tutti i tempi; tutte le cose, esseri viventi compresi, sono formati da un'unica cosa: il vuoto, più un qualcosa. Questo qualcosa è l'idea di ciò che siamo, che si può esprimere con una formula matematica.

Walter Heitler

Sul piano fisico "il vuoto" non ha il significato di "il nulla". Esiste lo spirito che è infinito, informale (senza forma), increato, indeterminato. Mentre la sua manifestazione è formatrice, creatrice, determinante.

"Ain Soph", il divino inconoscibile, così il vuoto viene chiamato dai cabalisti. Il "senza confini" o l'Illimitato, la Divinità che emana e si estende e non ha somiglianza alcuna con nient'altro.

Plotino usava chiamarlo il nulla "super-essenziale"

Plotino

Lo zero fu inventato dagli Indù.

Gli indù conoscevano bene il concetto di vuoto, con lo "zero" hanno voluto rappresentare l'insieme nullo attraverso una cifra. Difatti la parola "cifra" deriva da "sifr" (o sephir), che in arabo indica il valore nullo. Lo zero identifica il punto di partenza e quello di arrivo di un ciclo, proprio come ci dice Raymond Abellio, pseudonimo di Georges Soulès: «*Ogni ciclo si completa... aprendosi su non-essere, che è la pienezza dell'essere, per una conclusione paradossale di cui la numerologia darà la comprensione meglio di ogni rappresentazione intellettuale*».

Georges Soulès

Vorrei inoltre ricordare che il numero zero è rappresento da un cerchio e il cerchio significa perfezione. Il numero zero è la sfida che ricorre in tutti i numeri, il Taoismo lo interpreta come il vuoto assoluto. Nel Buddismo è lo spazio, inteso come grande vuoto, che contiene tutti gli esseri dopo le loro reincarnazioni. Per la Cabala è fonte di luce.

Per alcune credenze i numeri pari sono associati al mondo femminile, quelli dispari al maschile, mentre lo zero è attribuito all'androgino primordiale: il Plenum.

Infine, vorrei ricordare che se fossimo in grado di vedere lo zero in tre dimensioni invece che in due, noteremmo che il suo simbolo diventa geometricamente quello dell'infinito, il numero 8 disteso, il famoso nastro di Moebius o Möbius, la forma del tempo nell'eternità.

Esiste solo l'uno…

Continuando a parlare dei numeri, affrontiamo questa volta il numero 1 (uno). La prima manifestazione del numero è proprio il numero 1 (uno). È considerato il numero allo stato puro, l'origine di ogni essere, di ogni esistenza. L'essere si inscrive nello schermo del non-essere, il vuoto cosmico che permette il dispiegarsi dell'universo nel silenzio, consentendo al verbo di scaturire ed esprimersi. È la sorgente, l'atomo primordiale. Infatti l'uno è il riferimento di tutti gli altri numeri.

Il filologo e filosofo francese Émile Littrè definisce il numero: «*Unità, multiplo dell'unità, parte dell'unità*».

Émile Littrè

Affinché l'Uno scaturisse dallo zero è stato necessario che preesistesse l'infinito. Infatti l'uno (e tutti i numeri susseguenti) è il prodotto di zero x l'infinito per la nota formula:

$$\frac{1}{\infty} = 0.$$

L'origine esplosiva che genera l'essere primordiale e integrale non si limita all'unità, perché il movimento dell'unità attraverso l'infinito crea molteplicità. Questo deriva dal fatto che tutto è essenzialmente dinamico, cioè ha origine da altri numeri e continua con altri numeri.

I numeri sono quindi le cellule dell'infinito e come succede per le cellule biologiche (che ne sono l'espressione vivente sul piano materiale), essi si moltiplicano per divisione.

È un grande paradosso della vita, uguale a quello che presiede al concetto dell'uno e del multiplo.

Generato dall'Uno, ogni numero cerca di ritrovare l'Uno associandosi a nuove unità, ed ecco che cercando un complemento, il numero si moltiplica.

Questa percezione dell'unità attraverso la diversità è la visione dell'armonia coerente alla catena vivente dei numeri. Blaise Pascal affermò: «Tutto l'universo è contenuto nell'unità».

Blaise Pascal

Molto tempo prima Plotino disse: «Solo l'uno esiste»

Analizzando la parola "universo" notiamo che significa **"l'inverso dell'uno"**, diversificato.

La parola numero deriva dal greco *"nemo"*, suddivido (da cui deriva il termine latino *"numerus"*). Il celebre medico, alchimista e astrologo Paracelso (Philippus Aureolus Theophrastus Bombastus von Hohenheim) diceva:

«Non c'è che un solo numero nel quale dovremmo vivere quaggiù: è il numero uno, e non dovremmo contare oltre.
La divinità comprende il numero tre, ma esso è ricondotto all'unità. Anche noi uomini dovremmo dedicarci al solo e unico numero uno e vivere in questo numero. Ogni numero più elevato porta con sé lutti e lotte fra gli uni e gli altri».

Paracelso

Per il mistico ebraico Elie Wiesel: «Il segreto è nell'*Aleph*, nell'uno». L'Aleph è la prima lettera dell'alfabeto ebraico, nonché di quello fenicio. Ma se il numero uno racchiude un potenziale enorme e formidabile, questo potenziale si esplica attraverso il numero 2 (due), la sua successione logica che rappresenta la concretizzazione del primo binario: 0, 1, …

Ma se il numero uno racchiude un potenziale enorme e formidabile, questo potenziale si esplica attraverso il numero 2 (due), la sua successione logica che rappresenta la concretizzazione del primo binario: 0, 1, …

Una universale polarità

Questa volta affrontiamo il numero 2.
Nella Bibbia ebraica, il libro dell'Ecclesiaste o Qoelet ci consiglia di contemplare "tutte le opere dell'Altissimo; tutte vanno a coppie, di conserva". (Si, 33:15).

La polarità del Tao, per gli orientali il vuoto cosmico e sorgente universale di vita, si manifesta attraverso il dualismo dello Yin e dello Yang.

Per gli gnostici è l'*androgino primordiale*. La polarità permette lo scambio, genera il ritmo (frequenza), come primaria manifestazione dell'ordine cosmico.

Attraverso il 2, i numeri cominciano a parlare d'*amore*, ma diverrà *creatore* soltanto con il numero 3.

Il 2 è la complementarietà dell'opposizione, ciò che dà equilibrio all'instabilità, la permanenza dell'impermanenza. Ne derivano le nozioni fisiche di simmetria e asimmetria. Rappresenta la sorgente di ogni differenziazione, diversificazione e di tutte le mutabilità.

Il 2 è alla base di ogni pensiero discorsivo che prosegue con un "sì o no" o con un "più o meno", infatti permette di distinguere:

 positivo e negativo;
 maschile e femminile;
 attivo e passivo;
 concentrazione e dilatazione;
 calore e luce;
 giorno e notte;
 eccetera.

Queste nozioni sono sempre relative tra loro, infatti la dualità è l'origine di ogni relatività e tuttavia permette qualsiasi analisi e definizione. Attorno al concetto di binario si è sviluppato un linguaggio complesso. Il libro orientale "I Ching" (libro delle trasformazioni o dei mutamenti) riassume e descrive tutti i fenomeni possibili nell'ambito dell'universo per mezzo di una serie di 64 esagrammi formati ciascuno da una combinazione

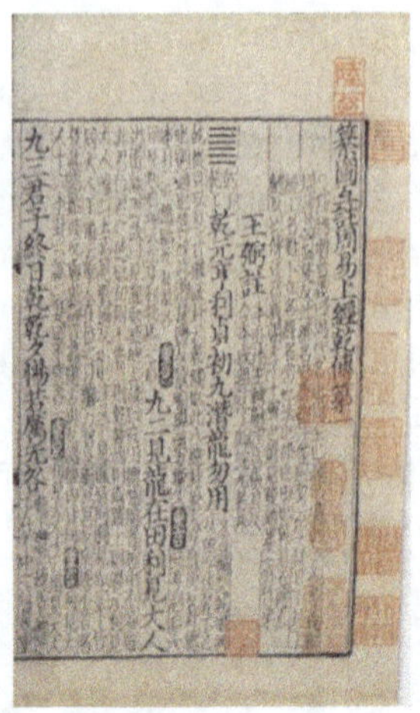

di sei segni. Tali linee sono continue (—), rappresentanti il principio Yang, o interrotte (--), rappresentanti il principio Yin.
Il mito cinese che descrive la Creazione del mondo allude ai trigrammi essenziali che troviamo in due versioni.

I trigrammi e gli esagrammi danno origine a un metodo di divinazione orientale da cui deriva la geomanzia tradizionale. È curioso osservare come il linguaggio binario servisse già a predire l'avvenire alcune migliaia di anni fa, mentre i nostri moderni elaboratori, utilizzati per le previsioni, impiegano lo stesso linguaggio che in occidente è stato riscoperto da Leibniz. Comunque il linguaggio tradizionale è significativo per sé (universalità naturale), mentre il linguaggio binario dei computer è significativo in funzione di un codice convenzionale (universalità funzionale).

Gottfried Wilhelm von Leibniz

Prendiamo ora in esame il numero tre

Il numero 2 diviene operativo e creatore con il 3. Il libro di Tao-te-King afferma: "il Tao produce 1, 1 produce 2, 2 produce 3, 3 produce tutto ciò che può essere reso esplicito con uno schema:

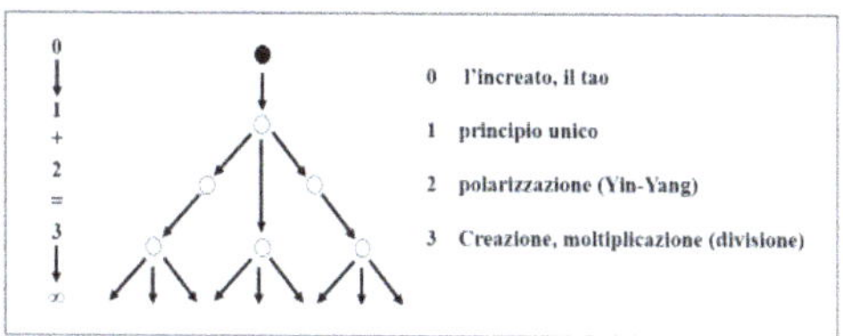

La manifestazione del numero sul piano spaziale (tre dimensioni) comincia con il ternario. Non esiste un poligono regolare di 1 o 2 lati, non esiste un quadrato magico di base 1 o 2. La cabala non attribuiva corrispondenza planetaria ai sefirot 1, 2 eccetera.

In tutte le tradizioni, la divinità creativa è presentata sotto un triplice aspetto: statico, dinamico, conciliatore (i tre saggi celtici: creatore, distruttore, conservatore (Brahma, Siva, Vishù); Padre, Madre, Figlio (Padre, Spirito, Figlio della tradizione cristiana).

Da ciò i simboli trinitari:

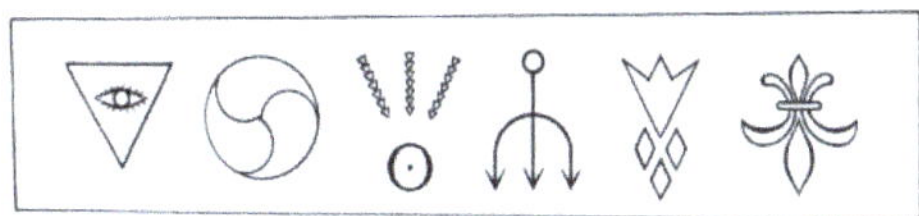

la cellula iniziale di ogni vita manifesta, comprende 3 principi. Ogni manifestazione si esprime in 3 tempi attraverso i cicli: inizio, durata, fine (nascita, vita, morte; ispirazione, ritenzione, espirazione eccetera).

Nella cabala tre pilastri sostengono l'edificio del mondo: rigore, misericordia, equilibrio. Il 3 permette dunque il dinamismo creatore, la percezione e la sintesi delle differenze (terzo termine che permette l'equilibrio e la complementarietà delle due prime unità).

Si può considerare il 3 nel senso involutivo, cioè proiezione dell'uno nel 2 o evolutivo, cioè reintegrazione del 2 nell'uno.

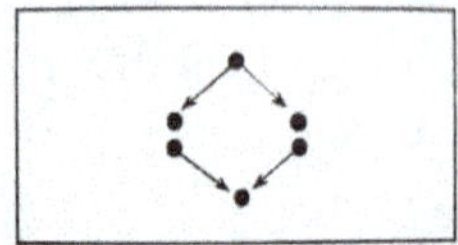

Questi due movimenti simultanei sono simbolizzati dal sigillo di Salomone che riassume l'insieme dei fenomeni ciclici dell'universo.

La giusta consapevolezza

Nelle prigioni ci sono dei reclusi che nonostante il loro stato si sentono liberi, mentre al contrario, molte persone "libere" non si sentono tali o vivono in condizione di reclusione.

In realtà nessuno di noi è davvero libero.

Da tempo qualcuno ha compreso che non si può combattere l'unica cosa che sopravvive a ogni violenza materiale, cioè il pensiero, allora ha cominciato a usare leggi e regolamenti per frenare il bisogno di libertà insito in ciascuno di noi. Quando non è bastato, ha usato soprusi e coercizioni, dogmi di fede e ipocrisie varie basate sul finto buon senso e falsa convivenza civile.

Ma il pensiero è una sequenza di idee che anche per merito dei grandi pensatori, poeti e filosofi continua a essere indomito dentro di noi, nonostante tutto.

Quel "qualcuno" continua a usare tutti i mezzi possibili per confonderci le idee, ostacolando la facoltà di pensare davvero, cioè di avere idee e opinioni davvero libere e non condizionate. Sempre quel "qualcuno", ha capito che neppure le punizioni inflitte a valle sono efficaci, allora ha iniziato a lavorare sull'origine in maniera subliminale. Infatti, è da molto tempo che sta provando a migliorare questo sistema, al fine di trovare il modo per ottenere il controllo assoluto. E oggi è molto vicino, basta "aprire gli occhi" e ce ne possiamo rendere conto...

Purtroppo, quando tutto ciò non basta, in alcune zone del mondo usa ancora la violenza e la guerra convenzionale, forse perché in tali zone non è possibile utilizzare la tecnologia multimediale e tutti gli altri sistemi in grado di raggiungere ognuno di noi, uno a uno.

E se a tutto ciò si aggiungono le classiche motivazioni etniche, economiche e di supremazia territoriale, ecco che le più bieche caratteristiche umane prendono il sopravvento.

Non mi dilungo ulteriormente sulle guerre in corso, sì guerre! Perché non c'è solo quella in Ucraina o nel Sudan, anche se i media "appunto" ne parlano poco o non ne parlano affatto.
Davvero l'uomo non conoscerà mai il significato di pace e fratellanza?
In ogni caso la vera libertà è qualcosa che vive dentro di noi, proviamo a mantenerla tentando di ragionare con la nostra testa senza farci sopraffare dal quel tipo di informazione il cui scopo è solo quello di annichilire il nostro pensiero.
Per fare ciò non bisogna diventare anarchici, anzi: occorre occuparci di più del prossimo nella misura in cui possiamo; proteggere la nostra mente, ragionando sui tentativi di confonderci le idee; infine, ricordare quanto siamo fortunati a non vivere in certe parti del mondo, la giusta consapevolezza.

Indice

Arnaldo Citterio

Nasce a Milano il 18 gennaio 1962.

Diplomato in elettronica industriale, ha sempre lavorato in ambito ingegneristico conseguendo numerosi corsi di specializzazione che lo hanno portato a diventare specialista nel campo dei Dispositivi Medici e rappresentante nazionale ai comitati internazionali IEC e ISO nel campo regolatorio del medicale.

Dopo diversi anni di volontariato come soccorritore 118 presso la Cro-ce Bianca di Magenta, inizia nel 2011 un'avventura con l'ente Parco della valle del Ticino in relazione all'ambiente, al benessere degli animali e come aiuto concreto alla popolazione in caso di catastrofi naturali diventando quindi Guardia Ecologica Volontaria e Operatore di Protezione Civile AREU con specializzazione in antincendio boschivo.

Inizia a scrivere a 6 anni ma si frattura un polso e pertanto non riesce ad acquisire una bella calligrafia. La voglia di imbrattare fogli con emozioni scritte a parole comincia a manifestarsi intorno ai tredici anni. Nel duemila escono le sue prime pubblicazioni all'interno di circa sedici antologie poetiche multiautori. All'attivo ha diversi libri pubblicati tra cui una serie di racconti, romanzi e sillogi poetiche. Partecipando a concorsi letterari gratuiti ha ricevuto diversi riconoscimenti. Ha esperienza come caporedattore di webmagazine, vicepresidente, responsabile regionale e membro del direttivo di diverse associazioni culturali nazionali.

Dettaglio Pubblicazioni:

Antologie multiautori

- "Voci del Duemila, I poeti del terzo millennio" (Antologia Poetica) Casa Editrice Golden Press (2000) "Il teatro del Tempo"
- (Antologia Poetica) Edizioni Akkuaria (2001) "Sul filo dell'innocenza"
- (Antologia Poetica) Edizioni Akkuaria (2001) "Voci del Duemila, I poeti del terzo millennio"
- (Antologia Poetica) Golden Press (2007) "Verrà il mattino ed avrà un tuo verso"
- (Antologia Poetica) Aletti Editore (2007) "Habere Artem XI edizione"
- (Antologia Poetica) Aletti Editore (2008) "Nenzi Costanzo"
- (Antologia del concorso letterario) Edizioni Akkuaria 2008 (Premio della giuria per "Le donne di Pontevecchio)
- Antologia "Due metà di uno" Edizioni Akkuaria (2010)
- "Racconti Lombardi" edizione 2018
- (Antologia letteraria) Historica edizioni (2018)
- "Racconti Lombardi" vol. 1 (Antologia letteraria) Historica edizioni (2019)
- Battiatosophia: Avalon - Terra Sacra Aurea Nox (2022)
- Regina di Maggio - Avalon - Terra Sacra Aurea Nox (2022)
- Il Re Bianco - Avalon - Terra Sacra (2022)
- Il velo sulla soglia -Avalon - Terra Sacra) (2022)
- La porta di fuoco di Giano - Avalon - Terra Sacra) (2022)

- Amore, devozione, abbandono - Avalon - Terra Sacra (2023)
- Nuestra Obra de Mayo - Avalon - Terra Sacra (2023)

Opere personali

- "Sussurri nel Buio" (Racconti) Edizioni Akkuaria (2008)
- "Quel piccolo bastardo, Diario di un'osteria perduta". (Romanzo) Pedrazzi Editore (2019).
- "Le Poesie dei quattro elementi"(Silloge poetica) PlaceBook Publishing&Writer Agency già Pedrazzi Editore (2020)
- "Junior, l'ospite". (Romanzo) PlaceBook Publishing&Writer Agency già Pedrazzi Editore. (2020)
- "Il ritorno del piccolo bastardo, Rapa nui" (Romanzo) PlaceBook Publishing&Writer Agency già Pedrazzi Editore. (2021)
- "Il Covid di Marco ed Efrem" (Romanzo epistolare) Aurea Nox (2021)
- "Tu e io sessanta pensieri" (Poesia) Aurea Nox (2022)
- "Briciole & Fiabole" con I.Salidu (Fiabe, racconti) Aurea Nox (2022)

IL PROGETTO ETICO DI AUREA NOX

AUREA NOX è un progetto etico collettivo nato in rete nel Maggio 2021 da un'idea di che ha ideato e realizzato anche tutte le elaborazioni grafiche. Le energie creative del gruppo confluiscono nella collana-esperimento evolutivo chiamata **AVALON – Terra Sacra**: un luogo letterario dove gli autori si confrontano con un tema comune. È nata così l'idea di creare una pubblicazione ritmica, legata alla ruota dell'anno, adatta a tramandare forme-pensiero di profonda e assoluta ricerca evolutiva. Una virtuale unione di intenti. Un Seme che diventi Quercia.

Di seguito ecco le altre collane editoriali

- BEE BOOK - SII UN LIBRO - Collana per bambini
- SEVEN DOORS - Sviluppo spirituale
- BREVIS - Saggi e Racconti brevi
- LYRA - Poesia
- HELOQUENCE - Diari, Romanzi, Manuali
- TRIBAL - Viaggi, Magia, Territori
- AUREA MAGISTRA - Percorsi storici
- DIAMANTI AUREI – Poesia
- CUORE INDIeGENO – Percorsi etnici

Un sentito ringraziamento al direttivo del Progetto e ai vari gruppi di lavoro dedicati, che hanno profuso le loro preziose energie a beneficio della nostra comunità di Autori e di una magnifica Idea Viaggiante.

Per contatti, richieste e collaborazioni:
Mail: **aureanox@libero.it**
Gruppo Facebook Aurea Nox - Scrittori – Editori